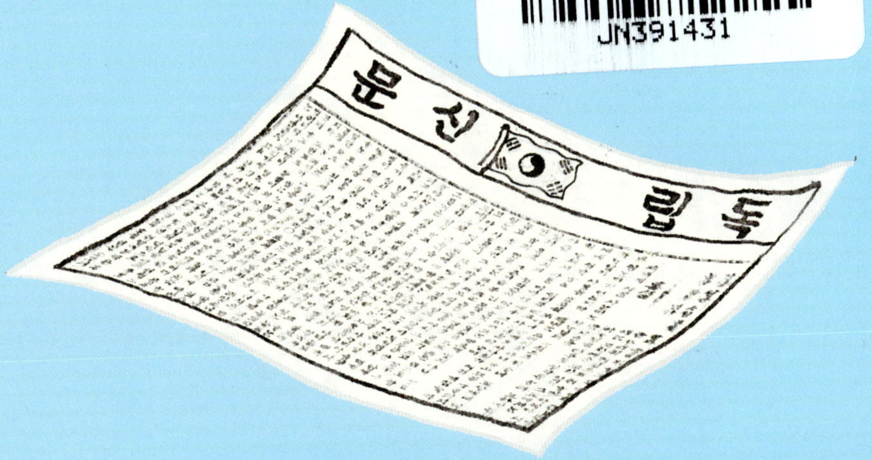

왕궁마저 비어 버린 조선,

이제 조선의 운명은 어떻게 되는 걸까요?

나의 첫 역사책 17

나라를 빼앗긴 조선

이현 글 | 정인성·천복주 그림

경복궁은 주인을 잃었습니다.

고종은 일본을 피해 러시아 공사관으로 도망쳐 있었어요.

왕이 궁궐을 버리고 남의 나라 품으로 뛰어든 거였지요.

그 바람에 일본이 조금 힘을 잃자,

러시아가 조선의 주인 행세를 했어요.

"압록강 근처에 좋은 나무들이 많군! 저 나무들은 우리 러시아가 베어 가겠소!"

"북쪽 지방의 땅속에는 금이 많군. 이것도 우리 러시아가!"

"왜 러시아가 조선을 독차지하는 거야?"
"혼자서 조선을 차지하게 놔둘 순 없지!"

미국이나 영국 같은 나라들이 러시아를 샘냈어요.
그러자 러시아는 다른 나라들에게도 조선의 것을 나눠 주었어요.
일본도 호시탐탐 조선을 다시 손에 넣을 기회를 엿보고 있었지요.
그런데도 조선의 왕은 아무 말도 못 했습니다.
러시아 사람들에게 둘러싸여 커피나 마시고 있었어요.

하지만 조선의 모두가 그런 건 아니었습니다.
임진왜란 때도, 병자호란 때도 그랬던 것처럼
나라가 위기에 빠지자 용감한 백성들이 나섰어요.

"역적들을 물리치고 나라를 바로 세우자!"
"우리 왕비를 해친 일본을 벌하자!"
"조선의 것을 지키자!"

나라 곳곳에서 의병들이 일어났어요.
의병들은 일본의 앞잡이가 된 조선인들을 혼내 주기도 하고,
일본군을 습격하기도 했어요.

미국에서 유학을 하고 돌아온 서재필은
여러 사람과 뜻을 모아 독립 협회를 만들었어요.
독립 협회는 독립문을 세우고, 《독립신문》도 만들었어요.
한글은 물론 영어로 된 신문도 만들었지요.
조선은 조선인의 것임을 널리 알렸습니다.

서울의 중심인 종로에서 만민 공동회도 열었어요.
양반이든 평민이든, 배운 이든 못 배운 이든
조선 사람 누구나 한자리에 모여서 뜻을 나누자는 거였어요.

"조선은 조선인의 것이오!"
"조선을 살리는 길을 생각해 봅시다!"
"좋은 의견을 함께 나눕시다! 서로 다른 생각도 들어 봅시다!"

일본에게 빚진 돈을 갚으려 애쓰는 사람들도 있었어요.
조선은 일본 정부에게 큰돈을 빚지고 있었지요.
일본이 돈을 빌려줄 테니 이걸 해라 저걸 해라, 하면서 꼬드긴 거였어요.
은근히 강요하기도 했지요.
어느덧 도저히 갚을 수 없을 만큼 큰 빚이 되고 말았습니다.

"우리 돈은 언제 갚을 셈이오?"

일본의 빚 독촉에 왕도 신하들도 쩔쩔매기만 했어요.

그때 백성들이 나라의 빚을 갚기 위해 돈을 모았어요.
소중한 보석을 내놓는 사람들도 있고,
힘들게 일해서 번 돈을 몽땅 내놓는 사람들도 있었어요.
아이고 어른이고 남자고 여자고 할 것 없이 모두 마음을 모았어요.

"조선을 새롭게 세워야 하오! 새 나라를 세우겠소!"

고종은 나라의 이름을 바꾸었습니다.
조선이 아닌 대한, 그리고 제국이라는 말도 덧붙였어요.
중국이나 일본과 다름없는 황제의 나라라는 뜻이었지요.
조선은 대한 제국으로 다시 태어났어요.
고종은 왕이 아닌 황제가 되었습니다.

우리나라 최초의 철도 경인선이 개통되었습니다.
서울에서 인천까지 가는 철도였어요.
기차라고는 해도 요즘에 비하면 무척 느렸어요.
자동차보다 느렸으니까요.
그래도 처음 기차를 본 사람들은 놀라서 기절할 지경이었어요.

"저렇게 빨리 달리는 말은 처음 보는데!"
"천둥소리를 내면서 달리네!"
"이렇게 멋진 구경은 평생 처음이네!"

하지만 그 기차는 조선 사람을 위해 달리는 게 아니었어요.

경인선 철도도 일본의 손아귀에 있었어요. 경인선만이 아니었어요.

일본은 조선 땅 곳곳에 철도를 만드는 데 열심이었어요.

조선을 위해서 일하고 있다고 생색을 내면서요.

그건 새빨간 거짓말이었어요. 일본의 속셈은 따로 있었습니다.

"조선 땅을 구석구석 빠짐없이 집어삼키려면 철도가 최고지!"
"우리 일본이 중국까지, 러시아까지 달려가는 데도 철도가 필요하고!"

일본은 러시아와 전쟁을 시작했어요.
아무런 예고도 없이 러시아 군함을 공격해 버린 거예요.

"우리 일본은 청나라도 단숨에 꺾었다. 러시아도 문제없어!"

하지만 러시아는 만만한 상대가 아니었어요.
일본과 러시아의 수많은 젊은이들이 전쟁터로 끌려갔어요.
수십만이 목숨을 잃었어요.
두 나라가 그렇게 싸운 이유는 바로 조선이었어요.
먹이 하나를 두고 다투는 셈이었지요.

결국 일본이 전쟁에서 이겼습니다.
조선을 독차지하게 되었어요.

조선은 여전히 힘없는 나라였어요.
대한 제국으로 나라의 이름을 바꾸어도, 그건 이름뿐이었어요.
고종은 나라를 제대로 이끌지 못했어요.
일본을 물리치지도, 일본에 빌붙은 신하들을 몰아내지도 못했지요.
백성들의 옳은 말은 들은 척도 하지 않았어요.

"이제 조선은 달라져야 합니다. 왕이 아니라 국민이 나라의 주인입니다."

왕의 힘이 약해지면 어쩌나, 고종은 그것을 걱정할 따름이었습니다.

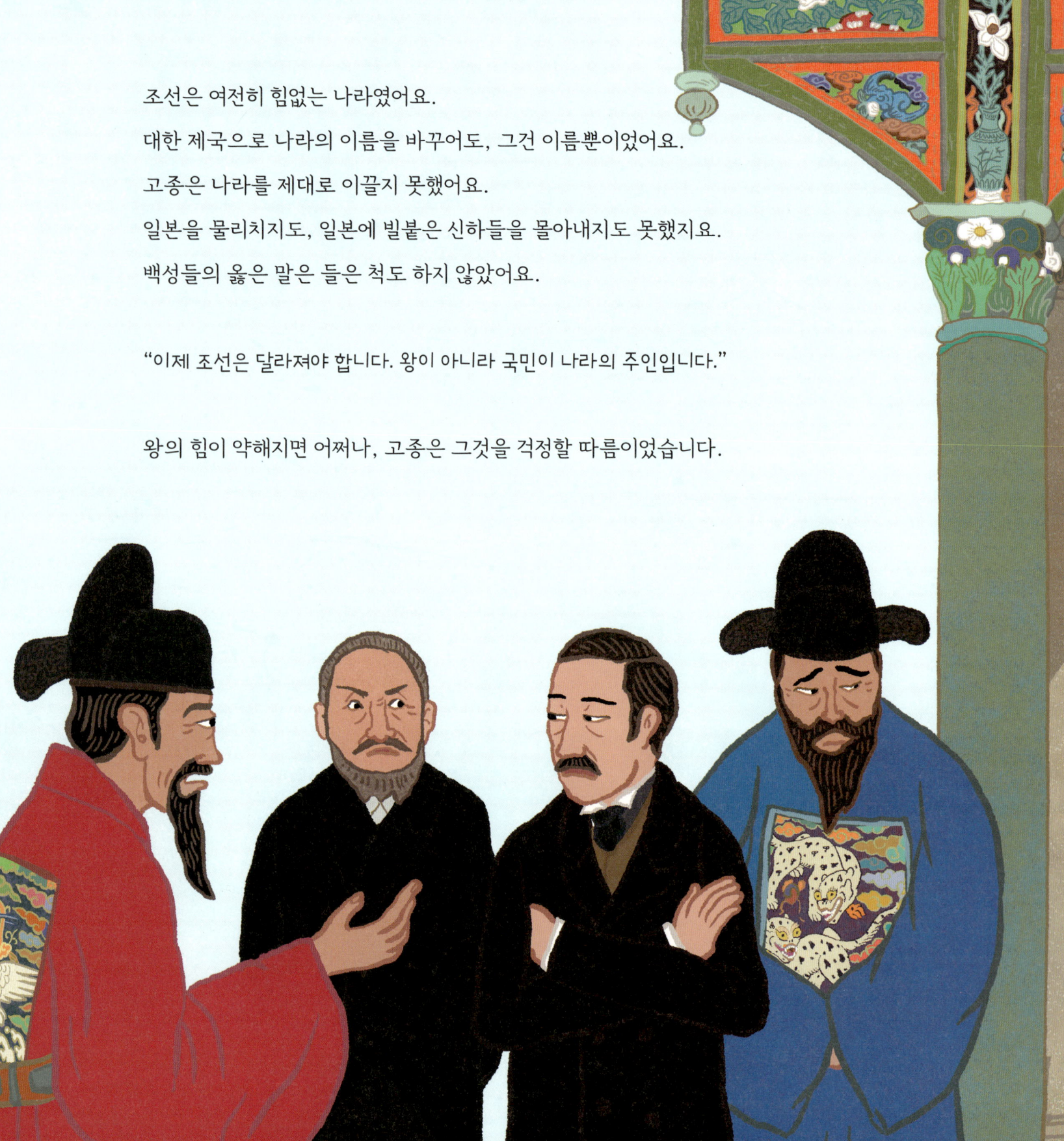

마침내 1905년, 조선의 달력으로는 을사년 11월 17일이었습니다.
총칼을 든 일본군이 서울을 에워쌌어요.
이토 히로부미가 궁궐로 들어와 고종에게 요구했어요.

"앞으로 우리 일본이 조선을 보호해 주겠소!"

보호라는 말은, 사실 조선의 자유를 빼앗겠다는 뜻이었어요.
조선을 식민지로 삼겠다는 뜻이었지요.

고종은 문을 닫아걸고 대답하지 않았어요.
신하들 중 한규설과 민영기 그리고 이하영은
일본군의 총칼 앞에 용감하게 나섰어요.

"조선은 조선인의 나라요!"

하지만 다섯 신하들은
일본을 두 손 들고 환영했어요.
이완용, 이근택, 이지용, 박제순, 권중현.
이들을 '을사오적'이라고 해요.
을사년에 나라를 일본에 팔아먹은 다섯 도적이라는 뜻이에요.
결국 고종도 일본의 뜻에 따랐어요.

뒤늦게 고종은 다른 여러 나라에 조선의 사정을 알리려 애썼어요.

"을사조약은 조선의 뜻이 아니다. 일본이 강요한 것이다!"

네덜란드 헤이그에서 열리는 '만국 평화 회의'에
비밀리에 신하를 보냈지요.
이상설과 이준 그리고 이위종이 일본의 눈을 피해 헤이그로 갔어요.
하지만 일본의 방해로 아예 회의장에 들어가지도 못했어요.
아무도 조선을 돕지 않았습니다.
미국, 영국, 프랑스, 독일, 스페인…….
그들도 다른 나라를 식민지로 삼은 지 오래였어요.

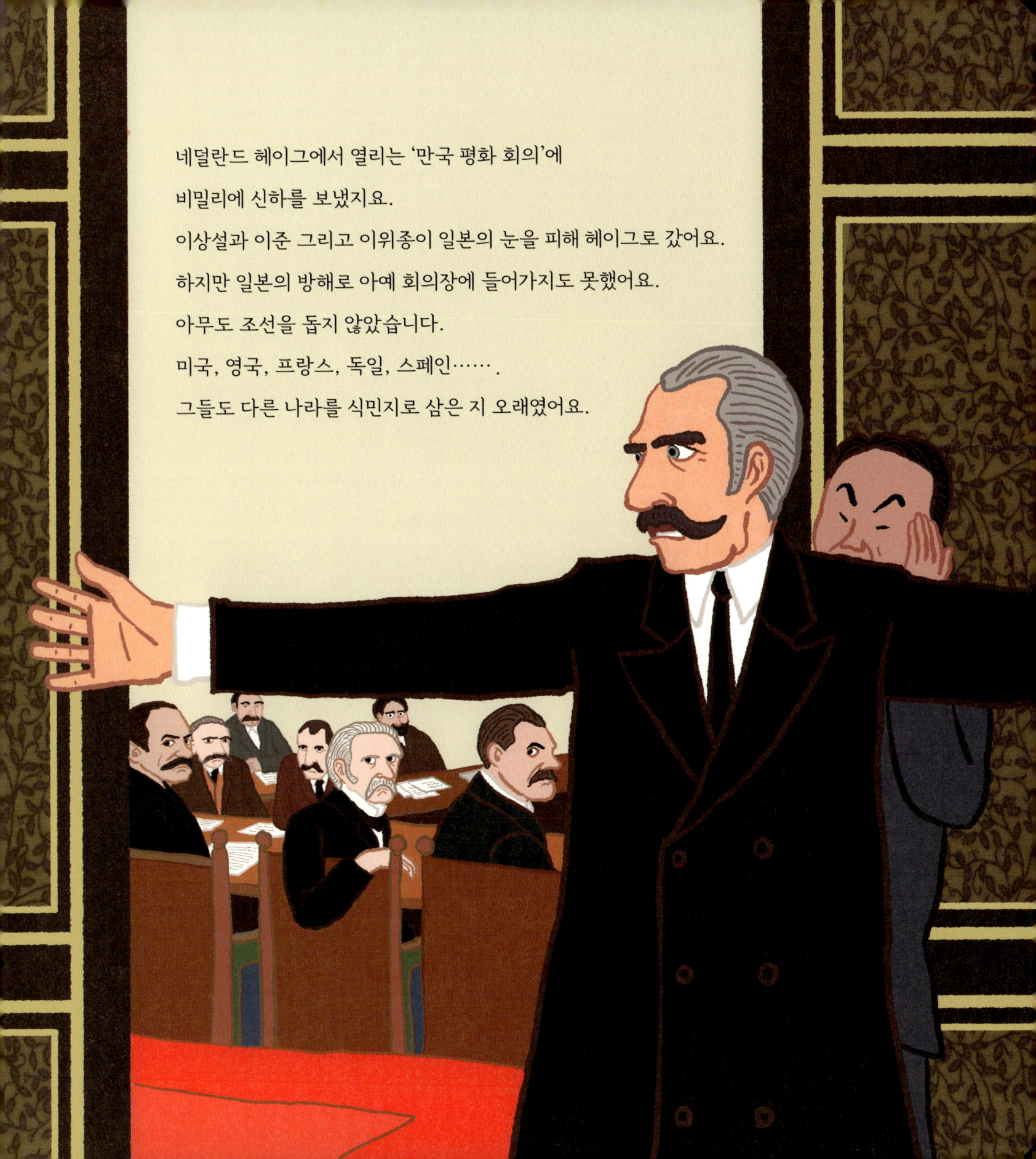

그것만으로도 일본은 깜짝 놀랐습니다.
일본은 헤이그의 일이 끝나자마자 고종을 협박했어요.

"이제 그만 황제의 자리에서 물러나시오!"

열두 살의 어린 나이에 왕이 된 지 44년,
고종은 일본에 의해 왕위에서 쫓겨났어요.
고종의 아들이 스물일곱 번째 조선의 왕, 순종이 되었어요.

이제 일본은 조선의 왕도 멋대로 바꾸었어요.

그 무엇도 일본을 막을 수 없었어요.

그렇다고 온 조선이 침묵한 것은 아니었어요.

비록 병사도 부족하고 무기도 허술하지만

다시 의병이 일어나 일본과 싸웠어요.

수많은 사람들이 나라를 위해 목숨을 바쳤어요.

조선만이 아니었어요.

압록강 너머, 멀고 먼 중국 땅에서도 조선을 위해 총소리가 울렸어요.

1909년 10월 26일, 이토 히로부미가 하얼빈을 방문했어요.
이토 히로부미는 조선을 식민지로 만드는 일에 앞장섰던 일본인이지요.
이토 히로부미는 기차로 하얼빈역에 도착해 거만한 얼굴로 승강장을 걸어갔지요.

"누구도 일본을 막을 수 없다!"

바로 그때였어요.

탕! 탕! 탕!

이토 히로부미가 총탄에 쓰러졌어요.
총을 쏜 것은 안중근, 조선인이었습니다.

일본은 안중근 의사를 체포했어요.
'의사'는 의로운 사람이라는 뜻이지요.
하지만 재판의 결과는 뻔했어요.
검사도, 변호사도, 판사도 일본인이었지요.
재판을 구경한 사람들도요.
그래도 안중근 의사는 끝까지 당당했어요.

"나는 조선을 침략한 적군을 무찔렀다!"

1910년 3월 26일, 안중근 의사는 뤼순의 일본 감옥에서
일본인에 의해 목숨을 잃었습니다.

안중근 의사가 세상을 떠난 지 5개월이 지난 1910년 8월 29일,
일본은 조선을 자신의 땅이라고 선포했어요.
조선은 일본의 식민지가 되었어요.
조선이라는 이름은 지도에서 사라졌어요.

우리는 나라를 잃었습니다.

나의 첫 역사 여행

끝까지 싸운 사람들을 찾아서

신돌석 장군 유적지

을사조약 소식을 들은 신돌석은 경상북도 영해에서 의병을 일으켰어요.
바닷가에서 일어난 의병답게 일본 해군을 공격해서 배를 가라앉혔고,
육지에서도 활약이 대단했어요.
신돌석은 열아홉의 어린 나이에, 그것도 양반이 아닌 평민의 신분으로
의병을 이끌었으니 더욱 대단한 일이었지요.
신돌석 장군 유적지에는 장군이 태어난 집과 기념관이 있답니다.

영덕관광포털 https://tour.yd.go.kr/

신돌석 장군 생가

신돌석 기념관에 있는 초상화

안중근 의사 기념관

중국 하얼빈에는 안중근 의사 기념관이 있어요.
하얼빈은 안중근 의사가 이토 히로부미를 저격했던 곳이에요.
하얼빈은 중국이라 멀지만,
서울에도 안중근 의사 기념관이 있답니다.
안중근 의사의 힘찬 마음이 깃든 손바닥 흔적부터
안중근 의사가 남긴 말씀까지,
조선을 위해 끝까지 싸우던 그 마음을 느낄 수 있어요.

안중근 의사 기념관 ▼ http://www.ahnjunggeun.or.kr/

서울 중구에 위치한 안중근 의사 기념관

안중근 의사 기념관에 전시된 유묵

양화진 외국인 선교사 묘원

양화대교가 보이는 한강 변에는 조선에서 일하다
세상을 떠난 많은 외국인들의 묘지가 있어요.
그중 《대한매일신보》 사장이던 '어니스트 베델' 같은
사람은 끝까지 조선의 독립을 위해
애쓰다 그만 먼 땅에서 숨을 거두었지요.

양화진 외국인 선교사 묘원 ▼ http://www.yanghwajin.net/

양화진 외국인 선교사 묘원

어니스트 베델

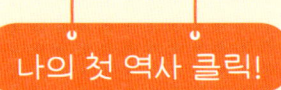

나의 첫 역사 클릭!

조선의 진정한 양반

'노블레스 오블리주'는 '많이 가진 사람은 그만큼 책임도 크다.'는 뜻이에요.
우당 이회영 선생 집안은 바로 조선 최고의 '노블레스 오블리주'였어요.
대대로 높은 벼슬을 했고, 큰 부자였어요.
식민지가 되었다 해도, 일본에 맞서지만 않으면 계속 부자로 살 수 있었어요.
하지만 이회영 선생 집안은 나라를 위한 책임을 다하기로 했습니다.
엄청난 재산을 모두 팔아 중국으로 가서 독립운동을 시작했어요.

이회영 선생의 모습

이회영 선생이 고문 끝에 돌아가신 뤼순 감옥

독립군 기지를 만들고,
독립군을 길러 내는 신흥 무관 학교를 세웠어요.
대한민국 임시 정부를 세우는 일에도 함께했어요.
이회영 선생은 몸소 일본을 공격하는 일에 나서기도 했어요.
일본군의 배를 폭파하고,
일본 장군을 공격하기도 했지요.
그러다 65세의 나이에 또 다른 싸움을 준비하던 중 일본에 붙잡혀
모진 고문 끝에 목숨을 잃고 말았습니다.
집안의 다른 사람들도 가난에 시달리고 일본에 쫓겼어요.
그 큰 재산을 모두 독립운동에 바치고 많은 가족들이 목숨을 잃었어요.
이회영 선생 집안은 조선의 진정한 영웅이었어요.
영웅들의 힘으로 우리는 나라를 되찾았습니다.

이회영 선생의 동생이자 우리나라 초대 부통령 이시영

서울 종로구에 위치한 우당 기념관

글 이현

세상 모든 것의 이야기가 궁금한 동화작가입니다. 우리나라 곳곳에 깃든 이야기를 찾아 어린이들의 첫 번째 역사책을 쓰고 있습니다. 그동안 《짜장면 불어요》, 《로봇의 별》, 《악당의 무게》, 《푸른 사자 와니니》, 《플레이 볼》, 《일곱 개의 화살》 그리고 《내가 하고 싶은 일, 작가》 등을 썼습니다. 제13회 전태일 문학상, 제10회 창비좋은어린이책 공모 대상, 제2회 창원아동문학상 등을 받았습니다.

그림 정인성·천복주

공동 작업을 하는 그림작가 부부입니다. 이곳저곳을 돌아다니며 보는 재미난 것들을 글로 쓰거나 그림으로 그리는 걸 좋아합니다. 홍익대학교 판화과를 졸업했습니다. 판화, 펜화, 포토샵 등 여러 가지 기법을 이용하여 그림을 그리고 있습니다. 그린 책으로 《공을 뻥!》, 《나누고 돕는 마을 공동체 이야기》, 《행복한 어린이 농부》, 《용용 용을 찾아라》, 《희망을 쏘아 올린 거북선》, 《뱁새의 꿈》 등이 있습니다.

나의 첫 역사책 17 — **나라를 빼앗긴 조선**

1판 1쇄 발행일 2020년 9월 25일 | 1판 7쇄 발행일 2023년 1월 9일

글 이현 | **그림** 정인성·천복주 | **발행인** 김학원 | **기획** 이주은 박현혜 도아라 | **표지·본문 디자인** 유주현 박인규
저자·독자 서비스 humanist@humanistbooks.com | **스캔** (주)로얄프로세스 | **용지** 화인페이퍼 | **인쇄** 삼조인쇄 | **제본** 영신사
발행처 휴먼어린이 | **출판등록** 제313-2006-000161호(2006년 7월 31일) | **주소** (03991) 서울시 마포구 동교로23길 76(연남동)
전화 02-335-4422 | **팩스** 02-334-3427 | **홈페이지** www.humanistbooks.com

글 ⓒ 이현, 2020　그림 ⓒ 정인성·천복주, 2020
ISBN 978-89-6591-388-7 74910
ISBN 978-89-6591-332-0 74910(세트)

- 이 책은 저작권법에 따라 보호받는 저작물이므로 무단 전재와 무단 복제를 금합니다.
- 이 책의 전부 또는 일부를 이용하려면 반드시 저작권자와 휴먼어린이 출판사의 동의를 받아야 합니다.
- **사용연령 6세 이상** 종이에 베이거나 긁히지 않도록 조심하세요. 책 모서리가 날카로우니 던지거나 떨어뜨리지 마세요.